школа - tulunghaan	2
подорож - biyahe	5
транспорт - transportasyon	8
місто - siyudad	10
ландшафт - talan-awon	14
ресторан - restawran	17
супермаркет - supermarket	20
напої - ilimnon	22
їжа - pagkaon	23
ферма - umahan	27
дім - balay	31
вітальня - sala	33
кухня - kusina	35
ванна кімната - banyo	38
дитяча кімната - kwarto sa bata	42
одяг - bisti	44
офіс - buhatan	49
економіка - ekonomiya	51
професії - mga trabaho	53
інструменти - mga gamit	56
музичні інструменти - mga instrumento sa musika	57
зоопарк - zoo	59
спорт - sports	62
дії - mga kalihokan	63
сім'я - pamilya	67
тіло - lawas	68
лікарня - ospital	72
аварійний випадок - emergency	76
Земля - yuta	77
годинник - orasan	79
тиждень - semana	80
рік - tuig	81
форми - mga porma	83
фарби - mga kolor	84
протилежності - kaatbang	85
числа - mga numero	88
мови - mga pinulongan	90
хто / що / як - kinsa / unsa / unsaon	91
де - diin	92

Impressum
Verlag: BABADADA GmbH, Nedderfeld 112 , 22529 Hamburg
Geschäftsführer / Verlagsleitung: Harald Hof
Druck: Books on Demand GmbH, In de Tarpen 42, 22848 Norderstedt

Imprint
Publisher: BABADADA GmbH, Nedderfeld 112 , 22529 Hamburg, Germany
Managing Director / Publishing direction: Harald Hof
Print: Books on Demand GmbH, In de Tarpen 42, 22848 Norderstedt, Germany

школа
tulunghaan

- ділити / bahinon
- дошка / board
- класна кімната / magparehistro
- шкільний двір / natad sa tulunghaan
- вчитель / magtutudlo
- папір / papel
- ручка / bolpen
- писати / isulat
- письмовий стіл / lamesa
- лінійка / ruler
- книга / libro
- учень / estudyante

ранець
bag

пенал
sudlanan sa lapis

олівець
lapis

точило
panhait sa lapis

гумка
rubber

альбом для малювання
drawing pad

малюнок
drowing

пензель
brush sa pintal

коробка фарб
kahon sa pintal

ножиці
gunting

клей
papilit

зошит
libro sa ehersisyo

домашнє завдання
homework

число
gidaghanon

додавати
idugang

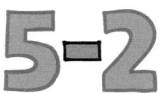
віднімати
kuhai

множити
i-multiply

рахувати
kuwentaha

літера
sulat

абетка
alpabeto

слово
pulong

школа - tulunghaan

текст
teksto

читати
pagbasa

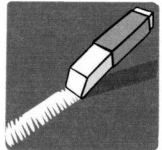

крейда
chalk

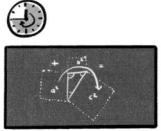

година
leksyon

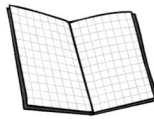

класний журнал
magparehistro

екзамен
pagsusi

диплом
sertipiko

шкільна форма
uniporme sa eskwelahan

освіта
edukasyon

лексикон
ensiklopedya

університет
unibersidad

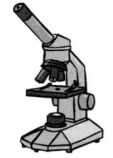

мікроскоп
mikroskopyo

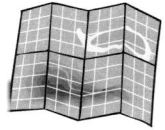

карта
mapa

кошик для паперу
paperbasket sa basura

школа - tulunghaan

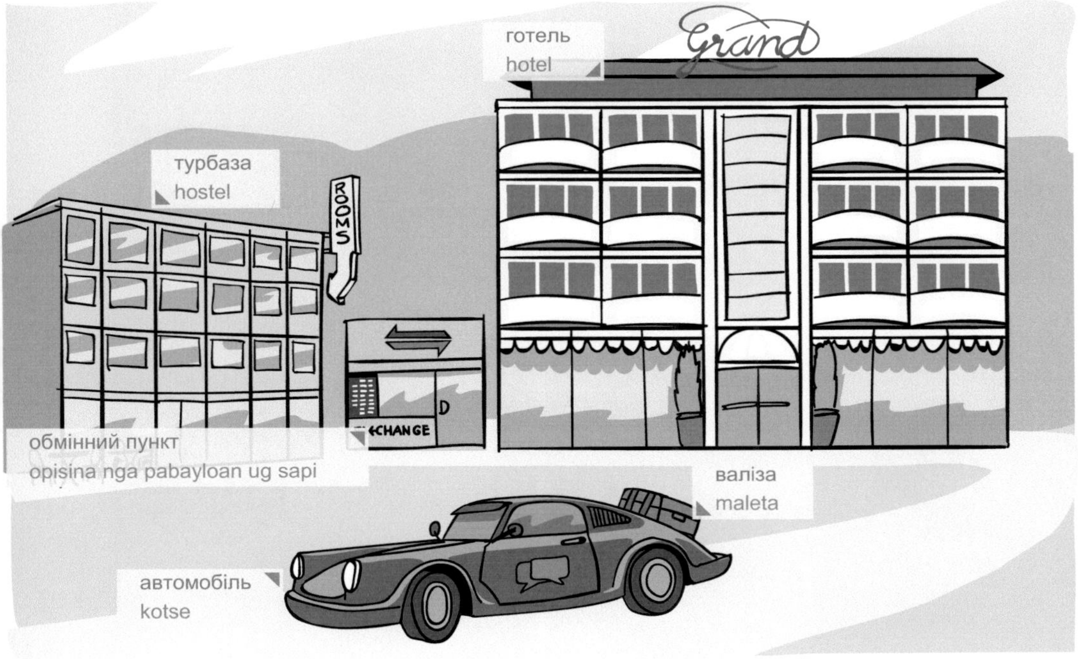

подорож
biyahe

готель
hotel

турбаза
hostel

обмінний пункт
opisina nga pabayloan ug sapi

валіза
maleta

автомобіль
kotse

мова
pinulongan

так / ні
oo / dili

добре
Okay

привіт
kumusta

перекладач
maghuhubad

дякую
Salamat

Скільки коштує ...?
tagpila ang

Я не розумію
Dili ako makasabut sa

проблема
problema

Добрий вечір!
Maayong gabii!

Доброго ранку!
Maayong buntag

На добраніч!
Maayong gabii

До побачення
babay

напрямок
direksyon

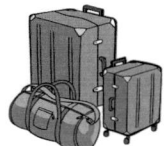

багаж
bagahe

сумка
bag

рюкзак
backpack

гість
bisita

кімната
kwarto

спальний мішок
bag nga katulganan

намет
tolda

подорож - biyahe

туристична інформація
impormasyon sa mga turista

пляж
baybayon

кредитна картка
credit card

сніданок
pamahaw

обід
paniudto

вечеря
panihapon

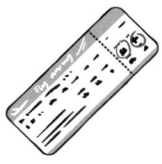

квиток
tiket

ліфт
elebeytor

поштова марка
selyo

межа
utlanan

митниця
mga kostumbre

посольство
embahada

віза
visa

паспорт
pasaporte

подорож - biyahe

транспорт
transportasyon

літак
eroplano

корабель
barko

пожежна машина
trak para sa sunog

вантажний автомобіль
trak

автобус
bus

моторний човен
e-motor nga bangka

велосипед
bisikleta

автомобіль
kotse

пором
sakayan

човен
sakayan

мотоцикл
motorsiklo

поліцейська машина
sakayanan sa polis

гоночний автомобіль
awto para panlumba

автомобіль на прокат
giabangan nga awto

транспорт - transportasyon

спільне користування авто
pag-ambit sa awto

евакуатор
tow truck

сміттєвоз
trak sa basura

двигун
motor

паливо
gasolina

автозаправна станція
gasolinahan

дорожній знак
simbolo sa trapiko

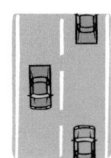

рух
trapiko

затор
huot nga trapiko

стоянка
lugar nga paradahan

вокзал
estasyon sa tren

рейки
riles

потяг
tren

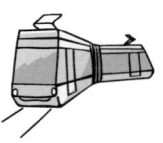

трамвай
tram

вагон
karomata

транспорт - transportasyon

гелікоптер
helicopter

аеропорт
tugpahanan

вежа
torre

пасажир
pasahero

контейнер
sudlanan

коробка
karton

візок
kariton

кошик
bukag

стартувати / приземлятися
paghawa / pag-abot

місто
siyudad

село
balangay

центр міста
sentro sa siyudad

дім
balay

кіно / sinehan

реклама / magpahibalo

вуличний ліхтар / suga sa dalan

вулиця / dalan

таксі / taxi

кіоск / tindahan ug miryenda

пішохід / pedestrian

тротуар / aspalto

пішохідний перехід / nagtabok nga sebra

сміттєве відро / basurahan

перехрестя / pagtabok

світлофор / suga sa trapiko

хатина
payag

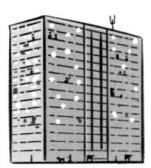

квартира
patag

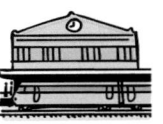

вокзал
estasyon sa tren

ратуша
munisipyo

музей
museum

школа
tulunghaan

місто - siyudad

університет

unibersidad

банк

bangko

лікарня

ospital

готель

hotel

аптека

parmasya

офіс

buhatan

книжковий магазин

tindahan ug libro

магазин

shop

квітковий магазин

tindahan ug bulak

супермаркет

supermarket

ринок

merkado

універмаг

department store

торговець рибою

tindahan sa isda

торговельний центр

shopping center

гавань

dunggoanan

місто - siyudad

парк
parke

лава
bangko

міст
tulay

сходи
hagdanan

метро
ilalom sa yuta

тунель
tunel

автобусна зупинка
hunonganan sa bus

бар
bar

ресторан
restawran

поштова скринька
kahon sa sulat

вулична табличка
ilhanan sa dalan

лічильник паркування
parking meter

зоопарк
zoo

басейн
swimming pool

мечеть
mosque

місто - siyudad

ферма
umahan

забруднення навколишнього середовища
polusyon

кладовище
lubnganan

церква
simbahan

дитячий майданчик
dulaanan

храм
templo

ландшафт
talan-awon

листок — dahon
вказівний стовп — ilhanan sa direksyon
шлях — dalan
луг — kasagbutan
камінь — bato
дерево — kahoy
мандрівник — tigbaktas
річка — suba
трава — sagbot
квітка — bulak

ландшафт - talan-awon

долина
walog

гора
bungtod

озеро
linaw

ліс
kalasangan

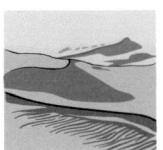
пустеля
disyerto

вулкан
bulkan

замок
kastilyo

веселка
balangaw

гриб
uhong

пальма
palma nga kahoy

комар
lamok

муха
langaw

мурашка
hulmigas

бджола
buyog

павук
lawa-lawa

ландшафт - talan-awon

жук
bakukang

жаба
baki

вивірка
eskwirel

їжак
ilaga sa humayan

заєць
liebre

сова
ngiw-ngiw

птах
langgam

лебідь
sisne

кабан
baboy

олень
usa

лось
moose

гребля
dam

вітряк
turbina sa hangin

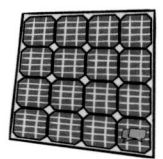
сонячний модуль
solar panel

клімат
klima

ландшафт - talan-awon

ресторан
restawran

(illustration of restaurant scene with labels:)
- офіціант / waiter
- меню / menu
- стілець / lingkuranan
- суп / sabaw
- піца / pizza
- столові прилади / kubyertos
- скатертина / mantel

закуска

pagsugod

друга страва

una nga pagkaon

десерт

hinam-is

напої

ilimnon

їжа

pagkaon

пляшка

botelya

фаст-фуд
fastfood

вулична їжа
pagkaon sa kalye

чайник
teapot

цукорниця
kahon sa asukar

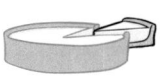
порція
bahin

еспресо-машина
espresso machine

зисокий стільчик
taas nga lingkuranan

рахунок
bayranan

піднос
tray

ніж
kutsilyo

вилка
tinidor

ложка
kutsara

чайна ложка
kutsarita

серветка
serviette

склянка
bildo

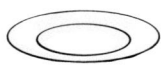

тарілка

plato

тарілка для супу

plato sa sabaw

блюдце

platito

соус

sawsawan

солонка

tig-uyog sa asin

млин для перцю

panggiling sa paminta

оцет

suka

масло

lana

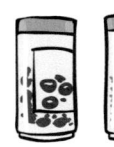

спеції

panakot

кетчуп

ketchup

гірчиця

mustasa

майонез

mayonnaise

ресторан - restawran

супермаркет
supermarket

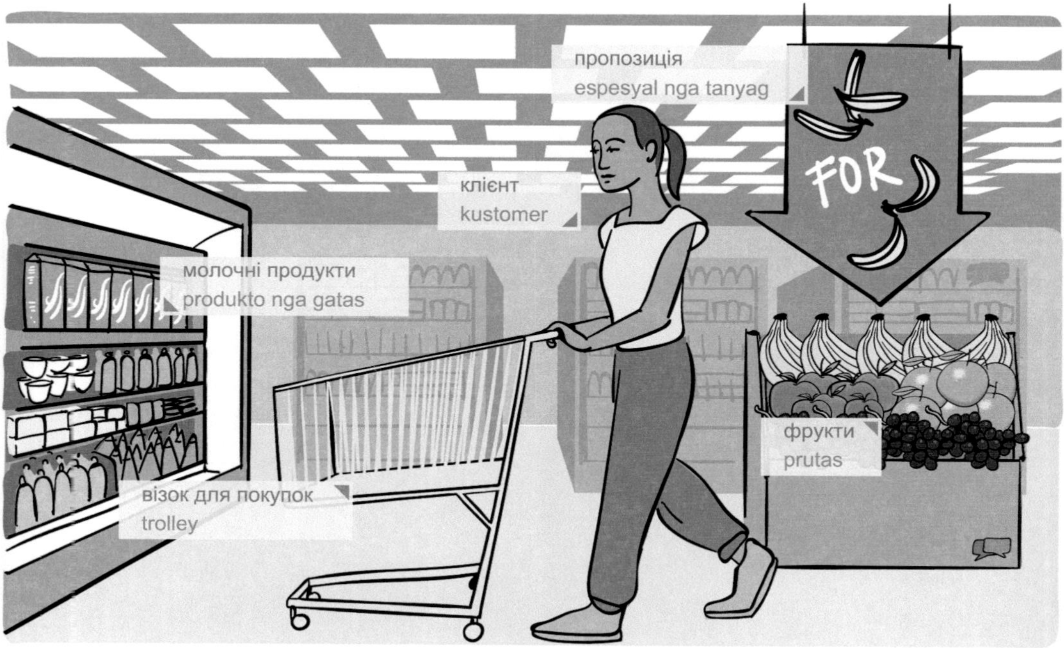

пропозиція
espesyal nga tanyag
FOR
клієнт
kustomer
молочні продукти
produkto nga gatas
фрукти
prutas
візок для покупок
trolley

BUTCHERS

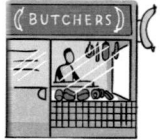

м'ясний магазин

mag-iihaw

BAKERY

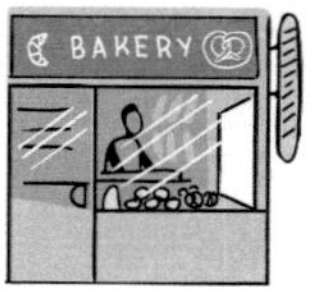

пекарня

panaderya

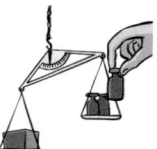

зважувати

timbang

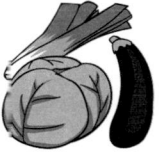

овочі

utanon

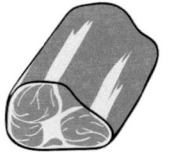

м'ясо

karne

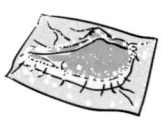

заморожені продукти

frozen nga pagkaon

ковбасна нарізка

bugnaw nga karne

консерви

delata nga pagkaon

пральний порошок

panglaba nga powder

солодощі

tam-is

предмети домашнього побуту

mga produkto sa panimalay

мийний засіб

panglimpyo nga mga produkto

продавщиця

tindero/tindera

каса

cash register

касир

kahera

список покупок

listahan sa palitonon

часи роботи

mga oras sa pag-abli

гаманець

pitaka

кредитна картка

credit card

сумка

bag

поліетиленовий пакет

plastic bag

супермаркет - supermarket

напої
ilimnon

вода
tubig

сік
juice

молоко
gatas

кола
coke

вино
bino

пиво
beer

алкоголь
alkohol

какао
kakaw

чай
tsa

кава
kape

еспресо
espresso

капучіно
cappucino

їжа
pagkaon

банан
saging

яблуко
mansanas

апельсин
orange

кавун
melon

лимон
limon

морква
karot

часник
ahos

бамбук
kawayan

цибуля
sibuyas

гриб
uhong

горішки
mani

локшина
pansit

спагеті
spaghetti

рис
bugas

салат
salad

картопля фрі
chips

смажена картопля
pinirito nga patatas

піца
pizza

гамбургер
hamburger

бутерброд
sandwich

шніцель
piraso sa karne nga walay bukog

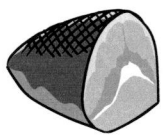
шинка
hamon

салямі
salami

ковбаса
soriso

курка
manok

печеня
sinugba

риба
isda

їжа - pagkaon

вівсяні пластівці
lugaw nga oats

мюслі
muesli

кукурудзяні пластівці
mga cornflake

борошно
harina

круасан
croissant

булочка
linukot nga tinapay

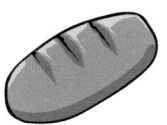
хліб
pan

тостовий хліб
tostada

печиво
mga biskwit

масло
mantikilya

сир
curd

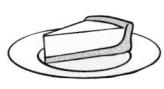
пиріг
cake

яйце
itlog

яєчня
pritong itlog

сир
keso

їжа - pagkaon   25

морозиво
ice cream

цукор
asukar

мед
dugos

мармелад
jam

нуга-крем
nougat cream

карі
curry

ферма
umahan

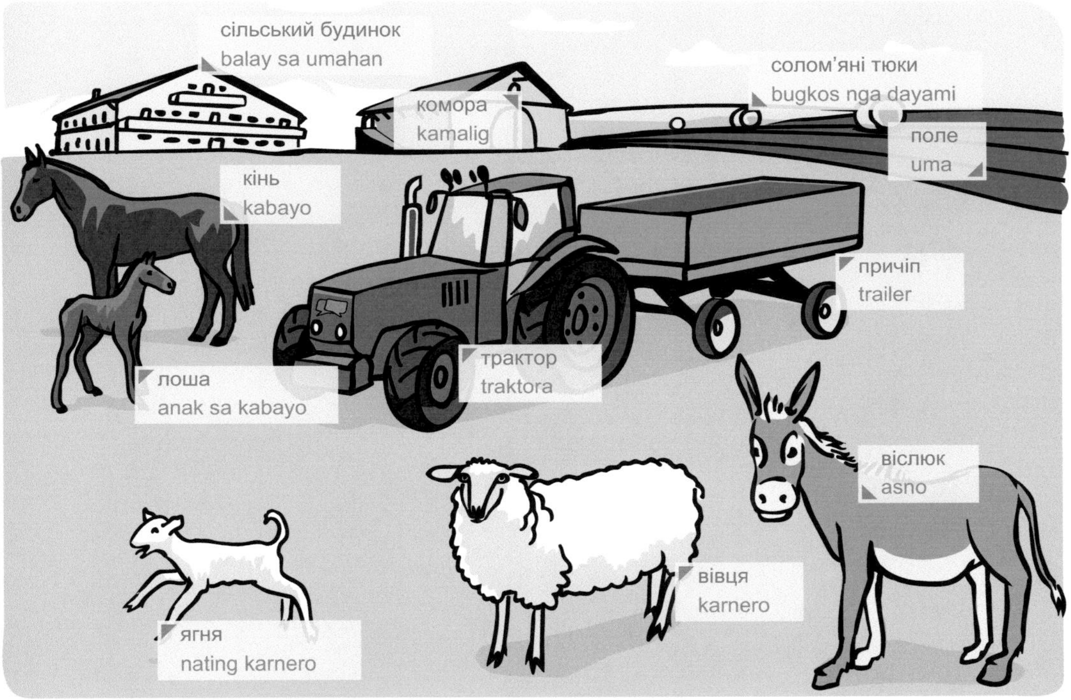

сільський будинок
balay sa umahan

комора
kamalig

солом'яні тюки
bugkos nga dayami

поле
uma

кінь
kabayo

причіп
trailer

лоша
anak sa kabayo

трактор
traktora

віслюк
asno

вівця
karnero

ягня
nating karnero

коза

kanding

корова

baka

теля

nating baka

свиня

baboy

порося

baktin

бик

baka nga lake

гусак
gansa

качка
itik

курча
piso

курка
himungaan

півень
cockrel

щур
ilaga

кіт
iring

миша
ilaga

віл
toro

собака
iro

собача будка
balay sa iro

садовий шланг
hose sa tanaman

лійка
bata nga pamisbis

коса
scythe

плуг
daro

серп
galab

мотика
sarol

вила
pang-kahig

сокира
hatsa

тачка
karetilya

корито
pasung

бідон молока
lata sa gatas

мішок
sako

паркан
koral

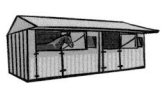
хлів
lig-on

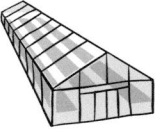
теплиця
greenhouse

ґрунт
yuta

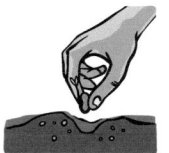
насіння
binhi

добриво
abono

комбайн
combine harvester

ферма - umahan

пожинати
ting-ani

урожай
ting-ani

корінь ямсу
mga ubi

пшениця
trigo

соя
soya

картопля
patatas

кукурудза
mais

ріпак
rapeseed

плодове дерево
kahoy nga mamunga

маніок
kamoteng kahoy

злаки
pagkaon nga mga lugas

ферма - umahan

дім
balay

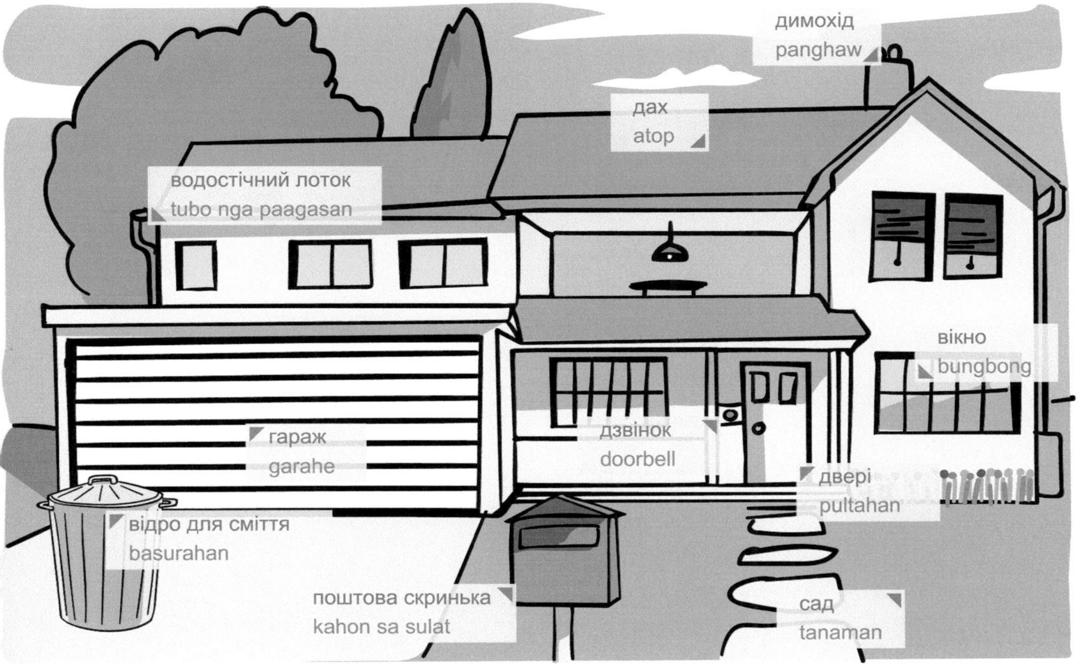

димохід — panghaw
дах — atop
водостічний лоток — tubo nga paagasan
вікно — bungbong
гараж — garahe
дзвінок — doorbell
двері — pultahan
відро для сміття — basurahan
поштова скринька — kahon sa sulat
сад — tanaman

вітальня
sala

ванна кімната
banyo

кухня
kusina

спальня
kwarto nga higdaanan

дитяча кімната
kwarto sa bata

їдальня
kan-anan

дім - balay 31

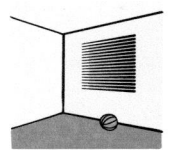

підлога
salog

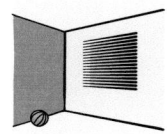

стіна
dingding

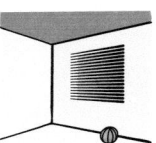

стеля
kisame

підвал
bodega sa bino

сауна
sauna

балкон
balkonahe

тераса
terasa

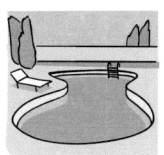

басейн
pool

косарка
lawnmover

простирало
piraso nga papel

ковдра
kobrekama

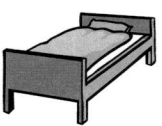

ліжко
higdaanan

мітла
silhig

відро
balde

перемикач
pindutan

дім - balay

вітальня
sala

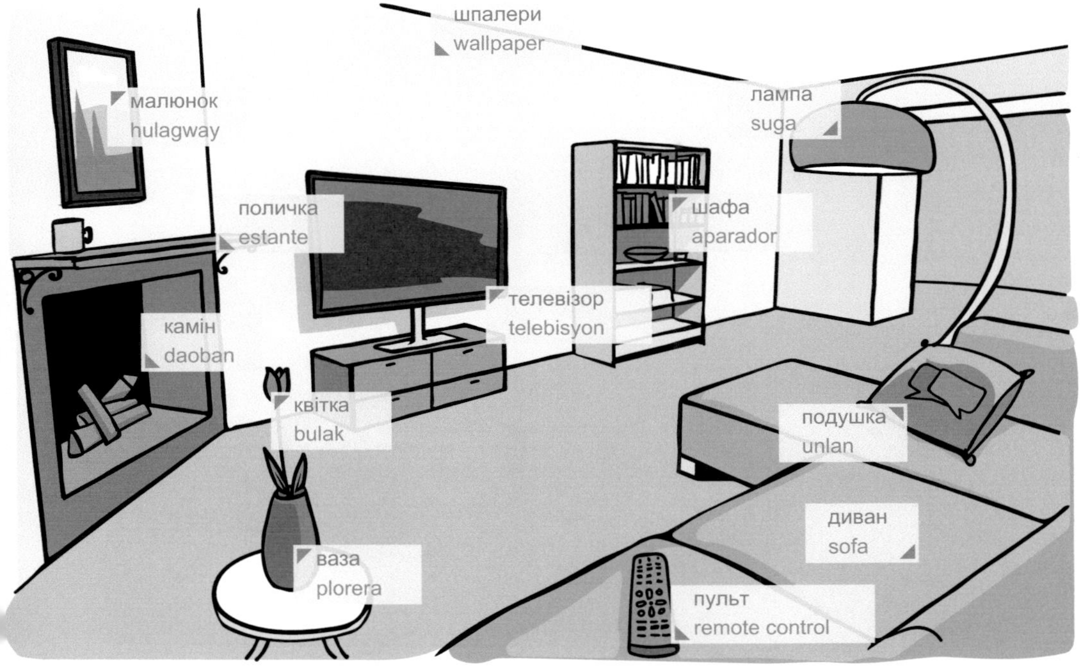

- шпалери / wallpaper
- малюнок / hulagway
- лампа / suga
- поличка / estante
- шафа / aparador
- камін / daoban
- телевізор / telebisyon
- квітка / bulak
- подушка / unlan
- ваза / plorera
- диван / sofa
- пульт / remote control

килим
karpet

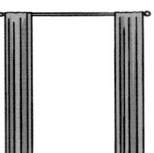

завіса
kurtina

стіл
lamesa

стілець
lingkuranan

крісло-гойдалка
rocking chair

крісло
lingkuranan

книга
libro

ковдра
habol

прикраса
dekorasyon

дрова
sugnod

фільм
pelikula

стереосистема
hi-fi

ключ
yawe

газета
mantalaan

картина
hulagway

плакат
poster

радіо
radyo

блокнот
notebook

пилосос
vacuum cleaner

кактус
kaktus

свічка
kandila

вітальня - sala

кухня
kusina

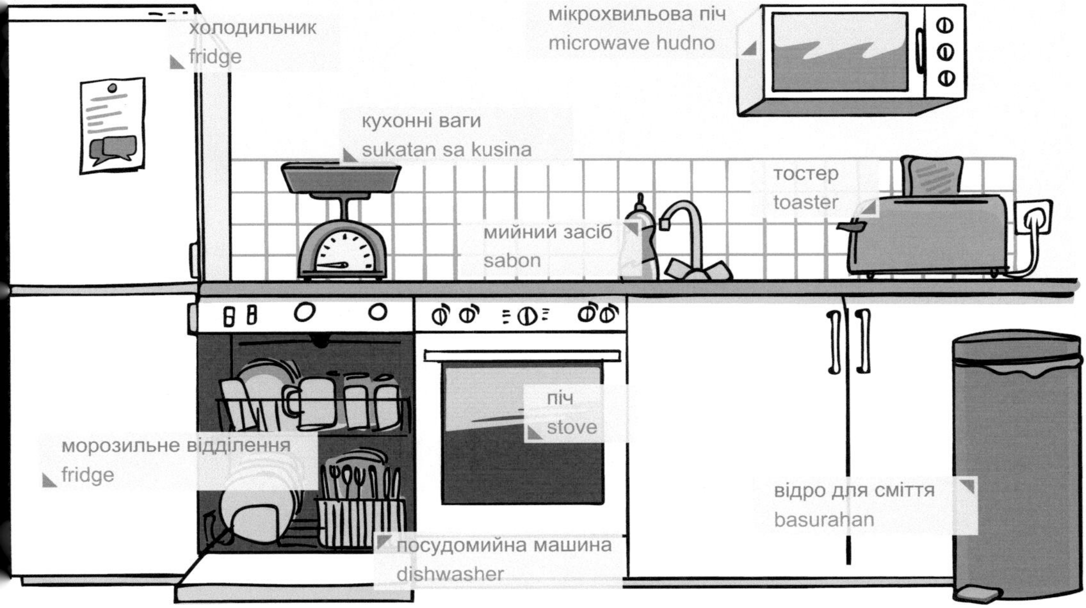

холодильник
fridge

мікрохвильова піч
microwave hudno

кухонні ваги
sukatan sa kusina

тостер
toaster

мийний засіб
sabon

морозильне відділення
fridge

піч
stove

відро для сміття
basurahan

посудомийна машина
dishwasher

плита

lutuan

горщик

kolon

чавунний горщик

puthaw nga kaldero

вок / кадай

wok / kadai

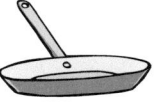

сковорода

kalaha

чайник

takure

пароварка
steamer

лист
baking tray

посуд
crockery

кухоль
mug

чаша
panaksan

палички для їжі
chopstick

черпак
luwag

лопатка
spatula

вінчик для збивання
whisk

сито
salaan

сито
salaan

терка
pangkudkod

ступка
pinagba

барбекю
barbecue

багаття
bukas nga kalayo

дошка
tadtaran

качалка
rolling pin

штопор
corcscrew

консерва
lata

відкривачка
pang-abli sa lata

прихватки
panapton para sa kolon

раковина
lababo

щітка
brush

губка
espongha

міксер
blender

морозильна камера
prisir

дитяча пляшка
beberon

кран
gripo

кухня - kusina

ванна кімната
banyo

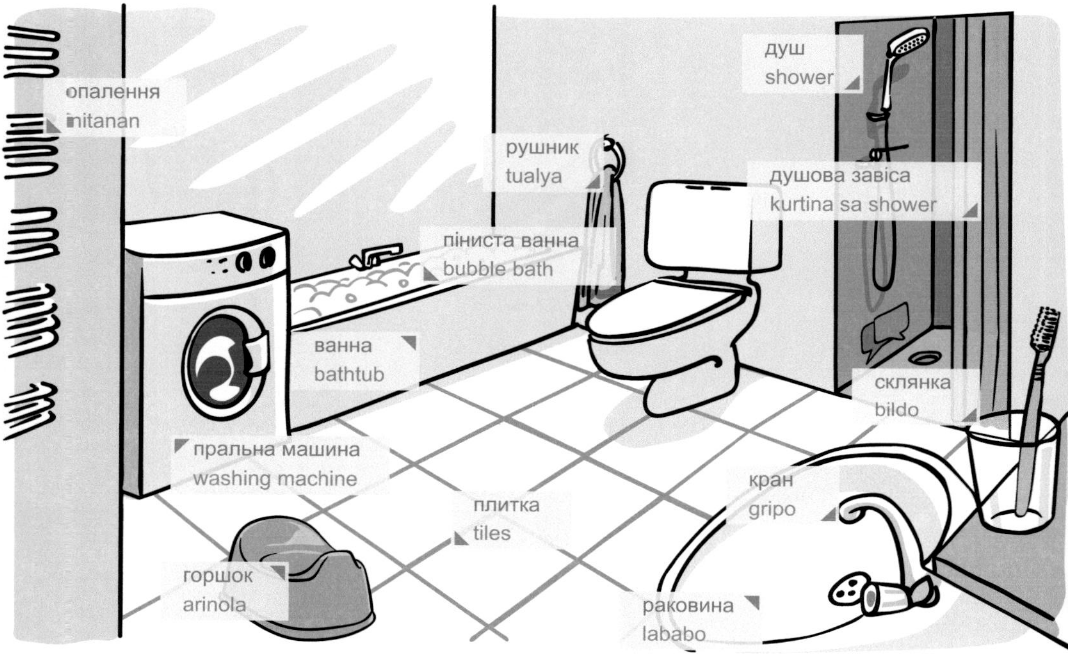

опалення / initanan
душ / shower
рушник / tualya
душова завіса / kurtina sa shower
пінистa ванна / bubble bath
ванна / bathtub
склянка / bildo
пральна машина / washing machine
плитка / tiles
кран / gripo
горшок / arinola
раковина / lababo

туалет

kasilyas

підлоговий туалет

squat nga kasilyas

біде

bidet

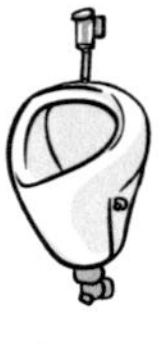

пісуар

ihian

туалетний папір

toilet paper

щітка для туалету

iskoba sa kasilyas

зубна щітка
toothbrush

зубна паста
toothpaste

нитка для чищення зубів
dental floss

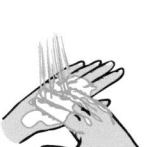

мити
panglaba

ручний душ
makuptan nga shower

інтимний душ
douche

таз
palanggana

щітка для спини
brush para sa likod

мило
sabon

гель для душу
shower gel

шампунь
shampoo

мочалка
flannel

водостік
paagasan

крем
creme

дезодорант
deodorant

ванна кімната - banyo

дзеркало
samin

косметичне дзеркало
makuptan nga samin

бритва
barbas

піна для гоління
bula nga pang-ahit

лосьйон після гоління
aftershave

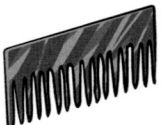

гребінь
sudlay

щітка
brush

фен
pampauga sa buhok

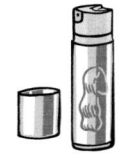

лак для волосся
hairspray

косметика
makeup

губна помада
lipstick

лак для нігтів
pampakintab sa kuko

вата
gapas nga balhibo sa karnero

ножиці для нігтів
gunting sa kuko

парфум
pahumot

ванна кімната - banyo

косметичка
washbag

табурет
tumbanan

ваги
mga timbangan

халат
bathrobe

гумові рукавички
goma nga guwantes

тампон
tampon

 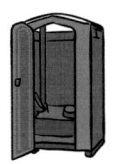

гігієнічні прокладки
limpyo nga tualya

біотуалет
kemikal para sa kasilyas

дитяча кімната
kwarto sa bata

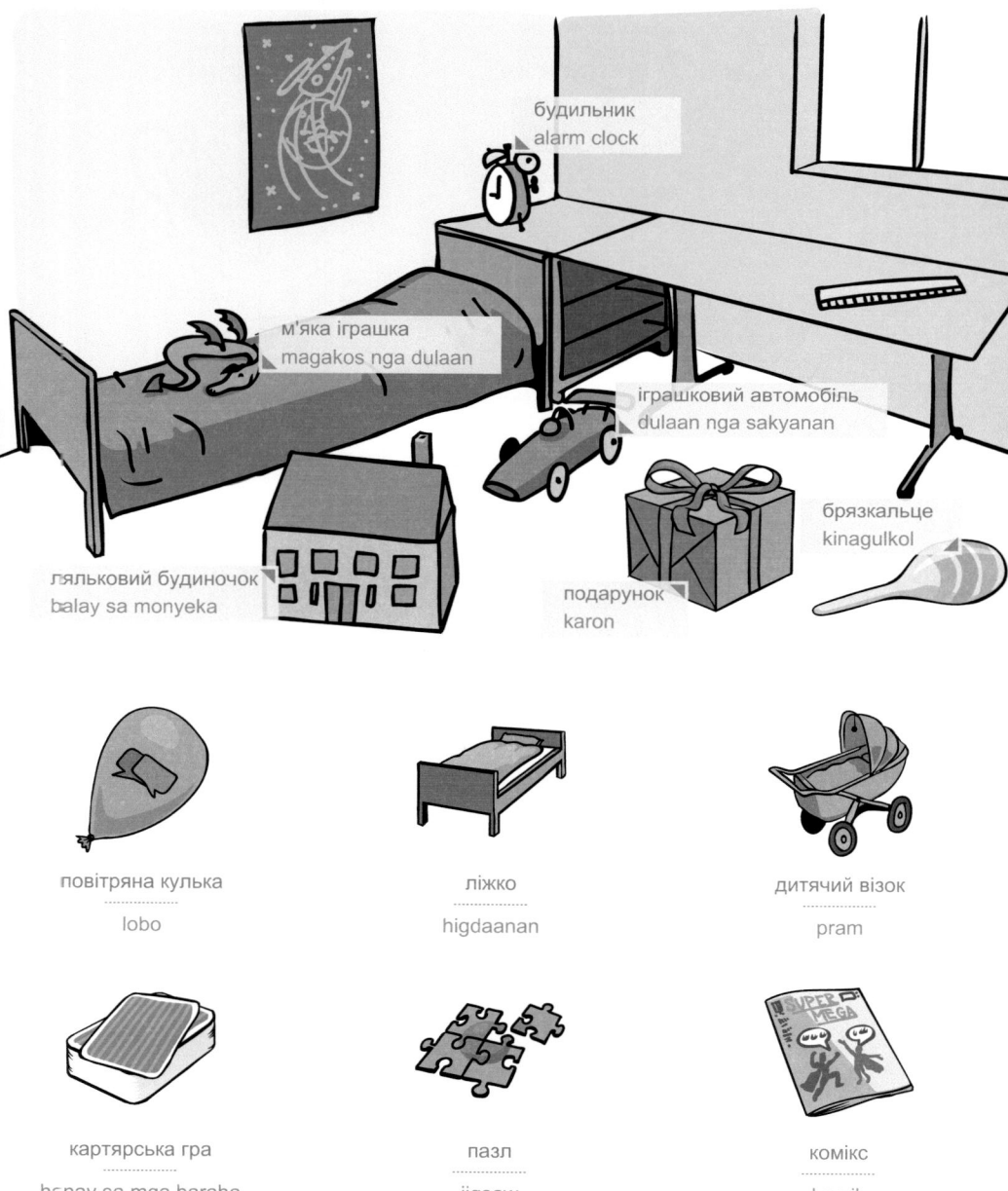

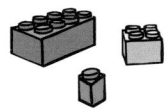
лего цеглинки
lego bricks

блоки
dulaan nga mga bloke

іграшкова фігурка
action figure

повзунки
pagtubo sa bata

фризбі
frisbee

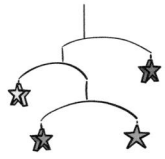
мобіле
mobile

настільна гра
game board

кубик
dice

модель залізнична станція
model nga set sa tren

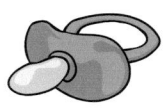
соска
dummy

вечірка
party

книжка з картинками
hulagway nga basahon

м'яч
bola

лялька
monyeka

грати
pagduwa

дитяча кімната - kwarto sa bata

пісочниця

sandpit

гойдалка

tabyog

іграшка

mga dulaan

гральна консоль

video game console

триколісний велосипед

traysikol

плюшевий мішка

teddy bear

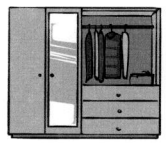

шафа

wardrobe

одяг
bisti

шкарпетки

medyas

панчохи

stockings

колготки

pantyhose

боді
lawas

штани
karsones

джинси
maong

спідниця
sayal

блузка
blusa

сорочка
kamiseta

пуловер
pullover

светр
suwiter

піджак
blazer

куртка
jacket

пальто
kapa

дощовик
kapote

костюм
costume

сукня
sinina

весільна сукня
pangkasal nga sinina

одяг - bisti

костюм

terno

нічна сорочка

nightgown

піжама

pajama

сарі

sari

головна хустка

bandana sa ulo

чалма

purong

бурка

burqa

кафтан

kaftan

абая

abaya

купальник

swimsuit

плавки

trunks

шорти

short

тренувальний костюм

tracksuit

фартух

apron

рукавички

guwantis

гудзик
butones

окуляри
baso

браслет
pulseras

ланцюг
kwentas

кільце
singsing

сережка
ariyos

шапка
kalo

плічка
hanger sa kapa

капелюх
kalo

краватка
tie

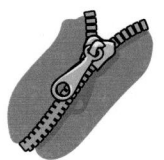

застібка-блискавка
zip

шолом
helmet

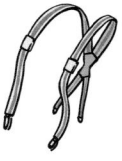

підтяжки
mga brace

шкільна форма
uniporme sa eskwelahan

уніформа
uniporme

одяг - bisti

нагрудник
bib

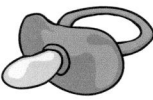
соска
dummy

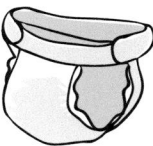
підгузок
lampin

офіс
buhatan

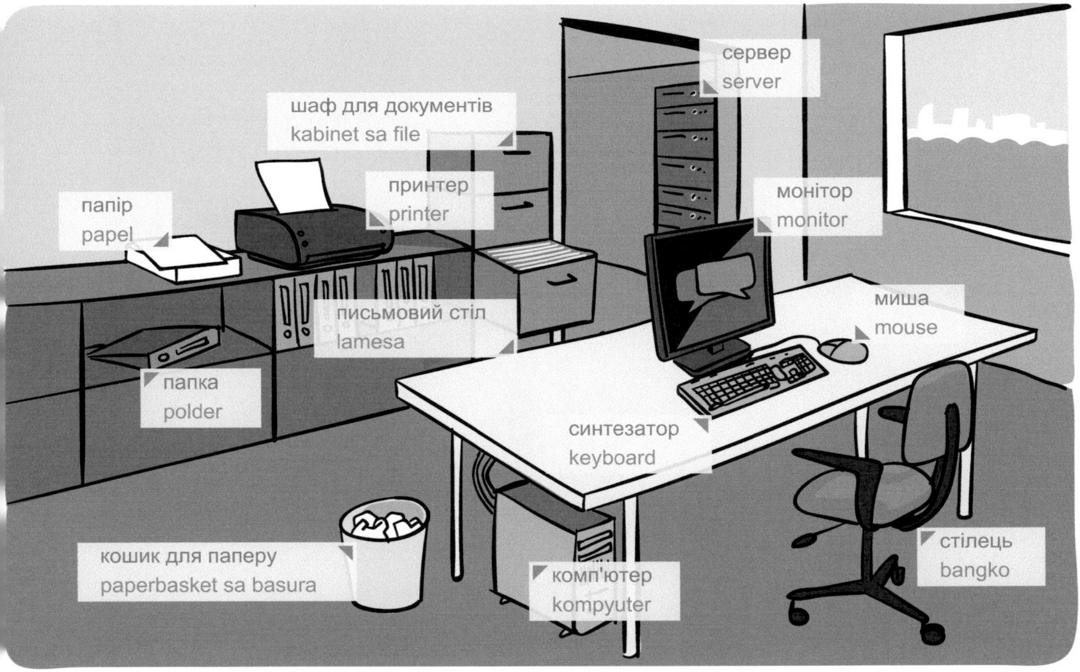

сервер / server
шаф для документів / kabinet sa file
принтер / printer
папір / papel
монітор / monitor
письмовий стіл / lamesa
миша / mouse
папка / polder
синтезатор / keyboard
кошик для паперу / paperbasket sa basura
комп'ютер / kompyuter
стілець / bangko

кавовий кухоль
tasa sa kape

калькулятор
calculator

інтернет
internet

ноутбук

laptop

лист

sulat

повідомлення

mensahe

мобільний телефон

mobile

мережа

network

копіювальний пристрій

photocopier

програмне забезпечення

software

телефон

telepono

розетка

saksakan

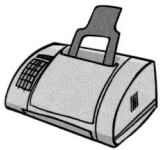

факс

fax machine

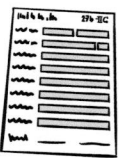

бланк

porma

документ

dokumento

офіс - buhatan

економіка
ekonomiya

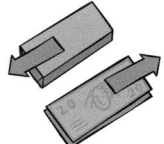
купувати
pagpalit

платити
pagbayad

торгувати
pagbaligya

гроші
salapi

долар
dolyar

євро
euro

ієна
yen

рубль
ruble

франк
swiss franc

юанів женьміньбі
renminbi yuan

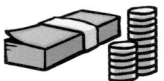
рупія
rupee

банкомат
cash point

обмінний пункт

opisina nga pabayloan ug sapi

золото

bulawan

срібло

silver

нафта

lana

енергія

enerhiya

ціна

presyo

контракт

kontrata

податок

buhis

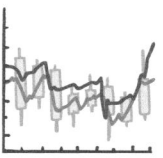

акція

stock

працювати

buhat

працівник

empleyado

роботодавець

amo

фабрика

pabrika

магазин

shop

економіка - ekonomiya

професії
mga trabaho

поліцейський / opisyal sa pulisya

пожежник / bombero

повар / tagaluto

лікар / doktor

пілот / piloto

садівник
hardinero

столяр
panday

швачка
mananahi

суддя
maghuhukom

хімік
kemiko

актор
artista

водій автобуса
drayber sa bus

таксист
drayber sa taksi

рибалка
mangingisda

прибиральниця
tagalimpyo

покрівельник
tigtukod ug atop

офіціант
waiter

мисливець
mangangayam

художник
pintor

пекар
panadero

електрик
elektrisyan

будівельник
magtutukod

інженер
inhenyero

забійник
mangingihaw

бляхар
tubero

листоноша
kartero

професії - mga trabaho

солдат
sundalo

архітектор
arkitekto

касир
kahera

флорист
tagatinda ug buwak

перукар
tig-ayog buhok

кондуктор
konduktor

механік
mekaniko

капітан
kapitan

дантист
dentista

вчений
syentista_1159

рабин
rabbi

імам
imam

монах
monghe

пастор
klerigo

професії - mga trabaho

інструменти
mga gamit

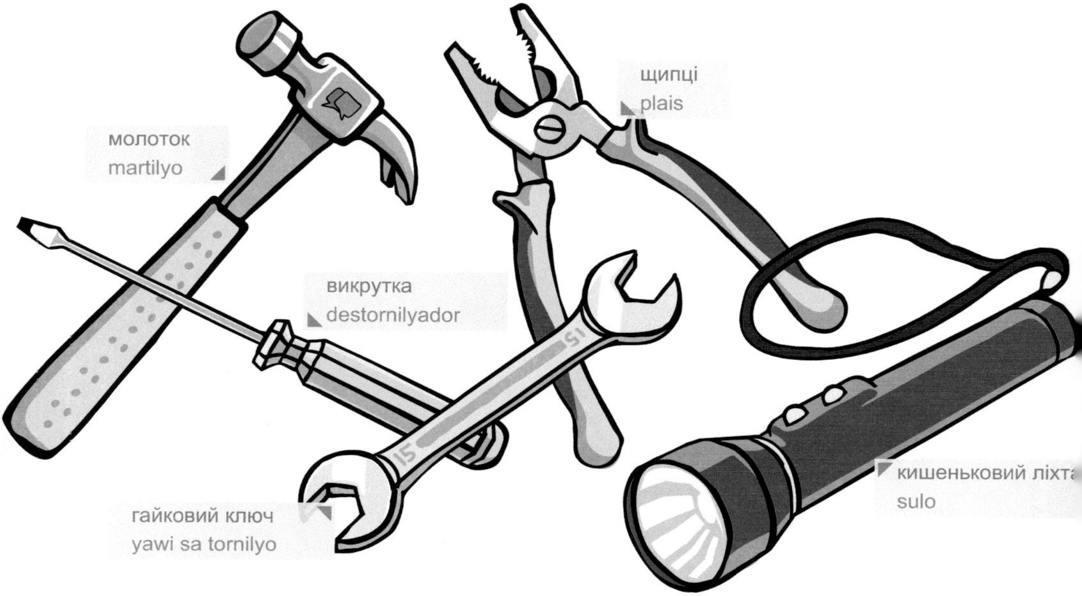

молоток / martilyo

щипці / plais

викрутка / destornilyador

гайковий ключ / yawi sa tornilyo

кишеньковий ліхтар / sulo

екскаватор

pangkalot

ящик для інструментів

sudlanag hiramenta

драбина

hagdan

пилка

gabas

цвяхи

mga lansang

свердло

barina

ремонтувати
pag-ayo

лопата
pala

лайно!
Buwisit

совок
dustpan

відро з фарбою
sudlanan sa pintal

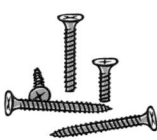
гвинти
mga tornilyo

музичні інструменти
mga instrumento sa musika

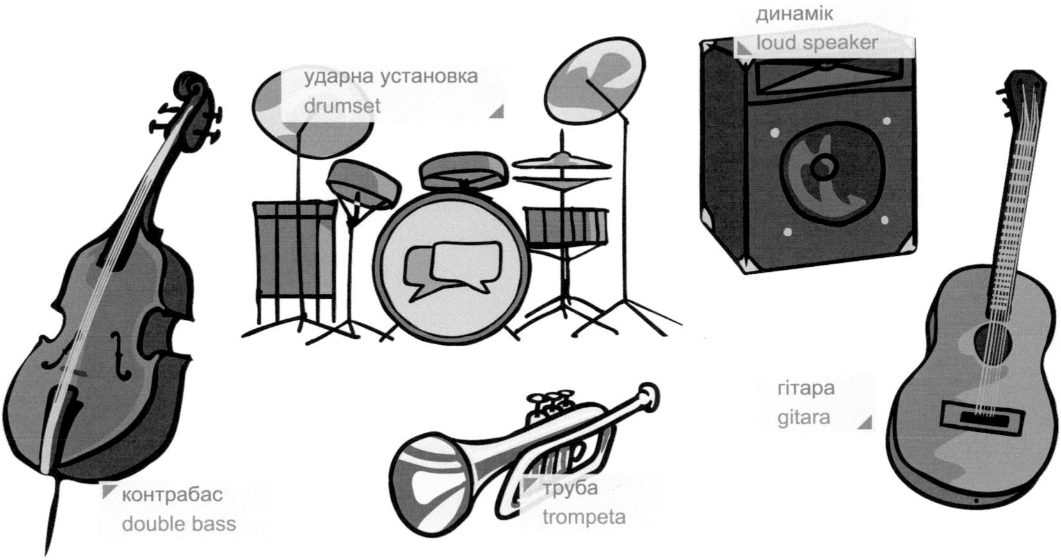

динамік
loud speaker

ударна установка
drumset

гітара
gitara

контрабас
double bass

труба
trompeta

фортепіано	скрипка	бас
piano	biyolin	bass

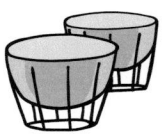  

литаври	барабан	клавіатура
timpani	drums	keyboard

саксофон	флейта	мікрофон
saksopon	flauta	mikropono

музичні інструменти - mga instrumento sa musika

зоопарк
zoo

тигр / tigre
вхід / pultahan
клітка / halwa
зебра / sebra
корм / pagkaon sa hayop
панда / panda

тварини
mga mananap

слон
elepante

кенгуру
kangaroo

носоріг
rhino

горила
gorilya

ведмідь
oso

 верблюд kamelyo	 страус ostrich	 лев leon
 мавпа unggoy	 фламінго flamingo	 папуга piriko
 білий ведмідь polar bear	 пінгвін penguin	 акула iho
 павич paboreal	 змія bitin	 крокодил buaya
 працівник зоопарку tigbantay og zoo	 тюлень seal	 ягуар jaguar

зоопарк - zoo

поні
gamay nga kabayo

леопард
leopardo

гіпопотам
hipo

жираф
dyirap

орел
agila

кабан
baboy

риба
isda

черепаха
pawikan

морж
walrus

лисиця
singgalong

газель
lagsaw

зоопарк - zoo

спорт
sports

дії
mga kalihokan

писати	малювати	показувати
isulat	pagguhit	ipakita

тиснути	давати	брати
itulod	ihatag	kuhaa

мати adunay	робити pagbuhat	бути nga

стояти tindog	бігати dagan	тягнути biraha

кидати ilabay	падати mahulog	лежати higda

очікувати maghulat	носити dalha	сидіти lingkod

одягати pag-ilis	спати katulog	просипатися pagmata

дії - mga kalihokan

дивитися
tan-awa

плакати
hilak

гладити
stroke

розчісувати
panudlay

розмовляти
sulti

розуміти
makasabut

питати
mangutana

слухати
pamati

пити
inom

їсти
kaon

прибирати
paghipos

любити
higugmaa

варити
magluto

їхати
pagdrayb

літати
lupad

йти під вітрилом
layag

рахувати
kuwentaha

читати
pagbasa

вчитися
makakat-on

працювати
buhat

одружуватися
magminyo

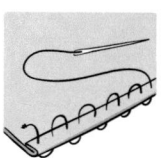
шити
pagtahi

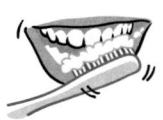
чистити зуби
panutbras

убивати
pagpatay

курити
aso

посилати
ipadala

дії - mga kalihokan

сім'я
pamilya

- бабуся — apohan nga babaye
- дідусь — apohan nga lalaki
- батько — amahan
- мати — inahan
- немовля — bata
- донька — anak nga babaye
- син — anak nga lalake

гість
bisita

тітка
iyaan

дядько
uyoan

брат
igsoon

сестра
igsoon nga babaye

сім'я - pamilya 67

тіло
lawas

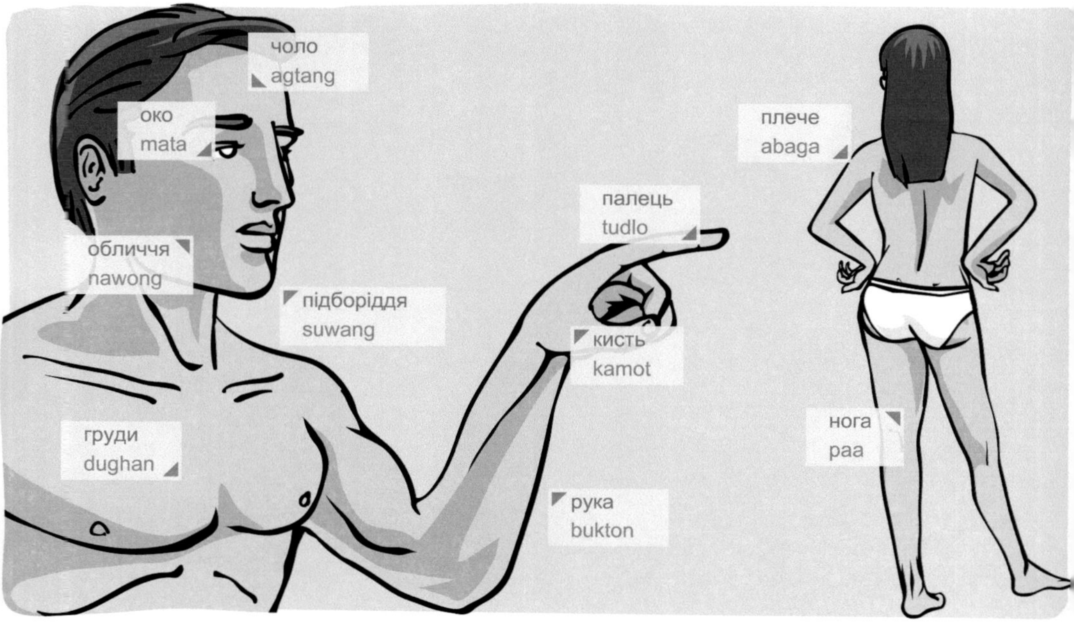

- чоло — agtang
- око — mata
- обличчя — nawong
- підборіддя — suwang
- груди — dughan
- палець — tudlo
- кисть — kamot
- рука — bukton
- плече — abaga
- нога — paa

немовля
bata

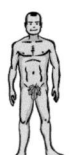

чоловік
tawo

жінка
babaye

дівчина
bata nga babaye

хлопчик
bata nga lalaki

голова
ulo

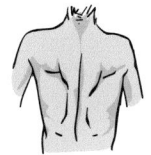
спина
balik

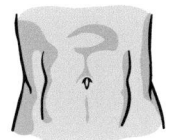
живіт
tiyan

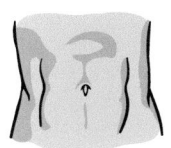
пуп
pusod

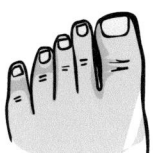
палець ноги
tudlo sa tiil

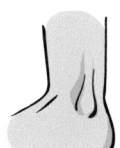
п'ята
tikod

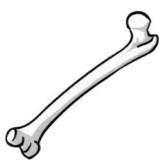
кістка
bukog

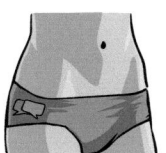
стегно
hawak

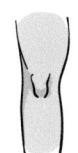
коліно
tuhod

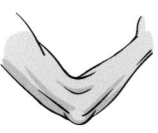
лікоть
siko

ніс
ilong

сідниці
ubos

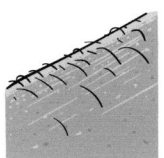
шкіра
panit

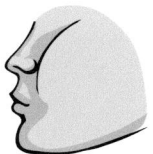
щока
aping

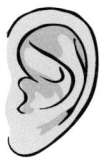
вухо
dalunggan

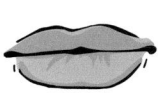
губа
ngabil

тіло - lawas

рот
baba

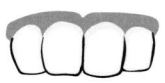

зуб
ngipon

язик
dila

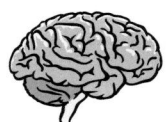

мозок
utok

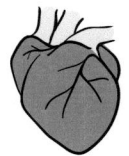

серце
kasingkasing

м'яз
kaunoran

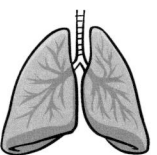

легені
baga

печінка
atay

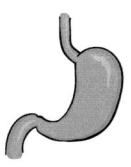

шлунок
tiyan

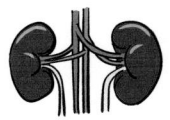

нирки
mga kidney

статевий акт
sex

презерватив
condom

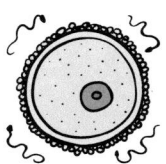

яйцеклітина
binhi

сперма
binhi

вагітність
pagmabdos

тіло - lawas

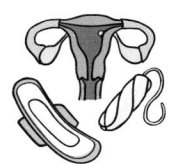
менструація
pagregla

вагіна
bilat

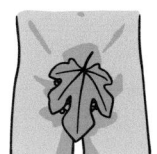
пеніс
kinatawo

брова
kilay

волосся
buhok

шия
liog

тіло - lawas

лікарня
ospital

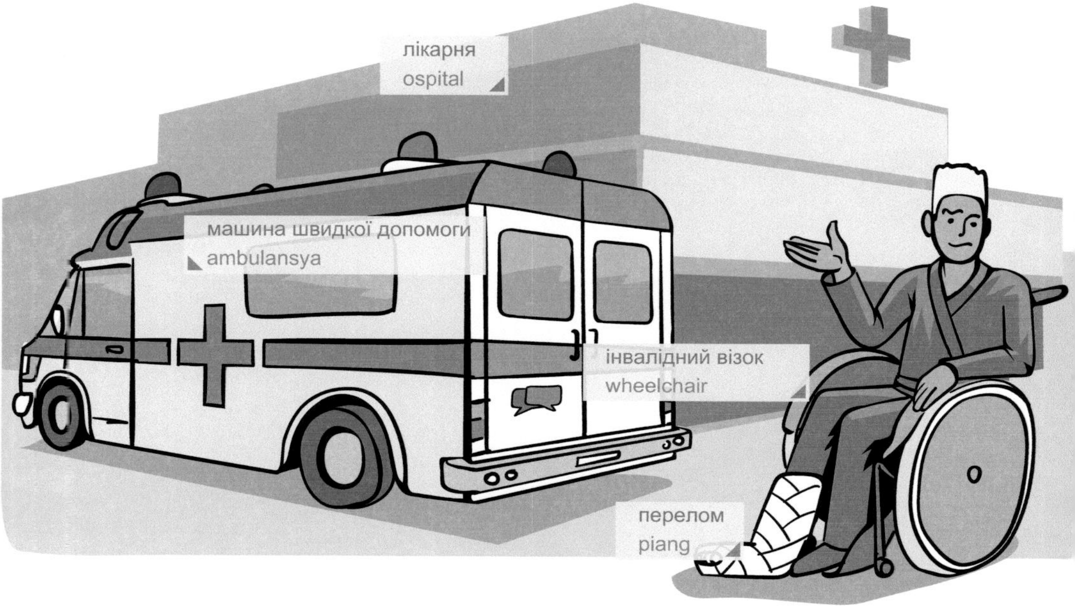

лікарня / ospital

машина швидкої допомоги / ambulansya

інвалідний візок / wheelchair

перелом / piang

лікар
doktor

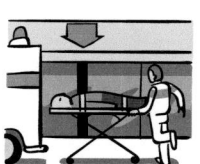

відділення швидкої медичної допомоги
emergency room

медсестра
nurse

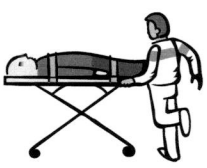

аварійний випадок
emergency

непритомний
walay panimuot

біль
kasakit

 травма kadaot	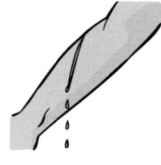 кровотеча pagdugo	 інфаркт pag-atake sa kasingkasing
 інсульт stroke	 алергія alerdyi	 кашель ubo
 лихоманка hilanat	 грип trangkaso	 пронос pagkalibang
 головна біль labad	 рак kanser	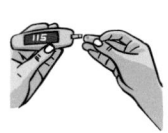 діабет diabetes
 хірург siruhano	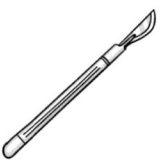 скальпель scalpel	 операція operasyon

лікарня - ospital

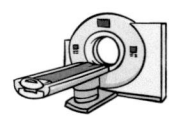
КТ
CT

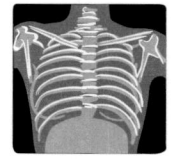
рентген
x-ray

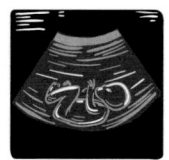
ультразвук
ultrasound

маска
maskara sa nawong

хвороба
sakit

зал очікування
hulatanan nga lawak

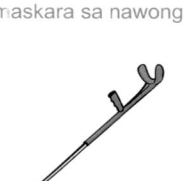
милиця
sungkod

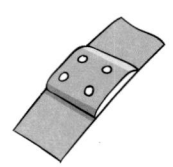
пластир
plaster

пов'язка
bandage

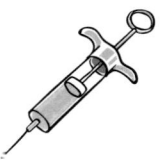
ін'єкція
indeyksiyon

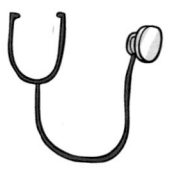
стетоскоп
stethoscope

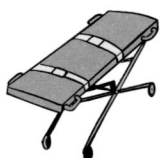
ноші
stretcher

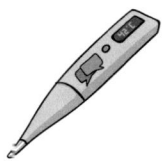
термометр
clinical thermometer

народження
pagkatawo

надмірна вага
sobra sa timbang

лікарня - ospital

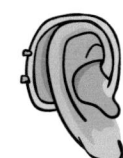

слуховий апарат

tabang sa pandungog

дезінфікуючий засіб

disimpektante

інфекція

impeksyon

вірус

virus

ВІЛ / СНІД

HIV / AIDS

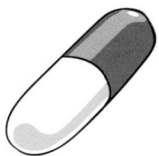

медицина

tambal

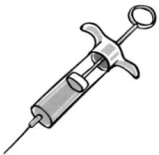

вакцинація

pagbakuna

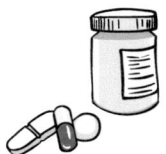

таблетки

papan

протизаплідна пігулка

pildora

екстрений виклик

emergency nga tawag

тонометр

high blood pressure monitor

хворий / здоровий

sakit / himsog

лікарня - ospital

аварійний випадок
emergency

Допоможіть!
Tabang!

сигнал тривоги
alarm

напад
pag-atake

атака
pag-atake

небезпека
kakuyaw

аварійний вихід
emergency exit

Вогонь!
Sunog

вогнегасник
fire extinguisher

аварія
aksidente

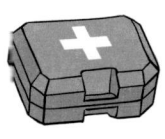

аптечка
first-aid kit

СОС
SOS

поліція
sa kapulisan

Земля
yuta

Європа
Europa

Північна Америка
North America

Південна Америка
South America

Африка
Africa

Азія
Asya

Австралія
Australia

Атлантика
Atlantiko

Тихий океан
Pasipiko

Індійський океан
Indian Ocean

Антарктичний океан
Antarctic Ocean

Північний Льодовитий океан
Arctic Ocean

Північний полюс
North pole

Південний полюс
South pole

Антарктика
Antartika

Земля
yuta

суша
yuta

море
dagat

острів
isla

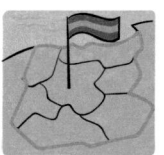
нація
nasud

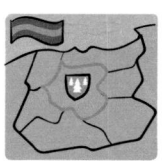
держава
estado

годинник
orasan

циферблат
nawong sa orasan

годинникова стрілка
kamot sa oras

хвилинна стрілка
kamot sa minutos

секундна стрілка
ikaduha nga kamot

Котра година?
Unsang orasa na?

день
adlaw

час
oras

зараз
karon

цифровий годинник
digital nga relo

хвилина
minuto

година
oras

тиждень
semana

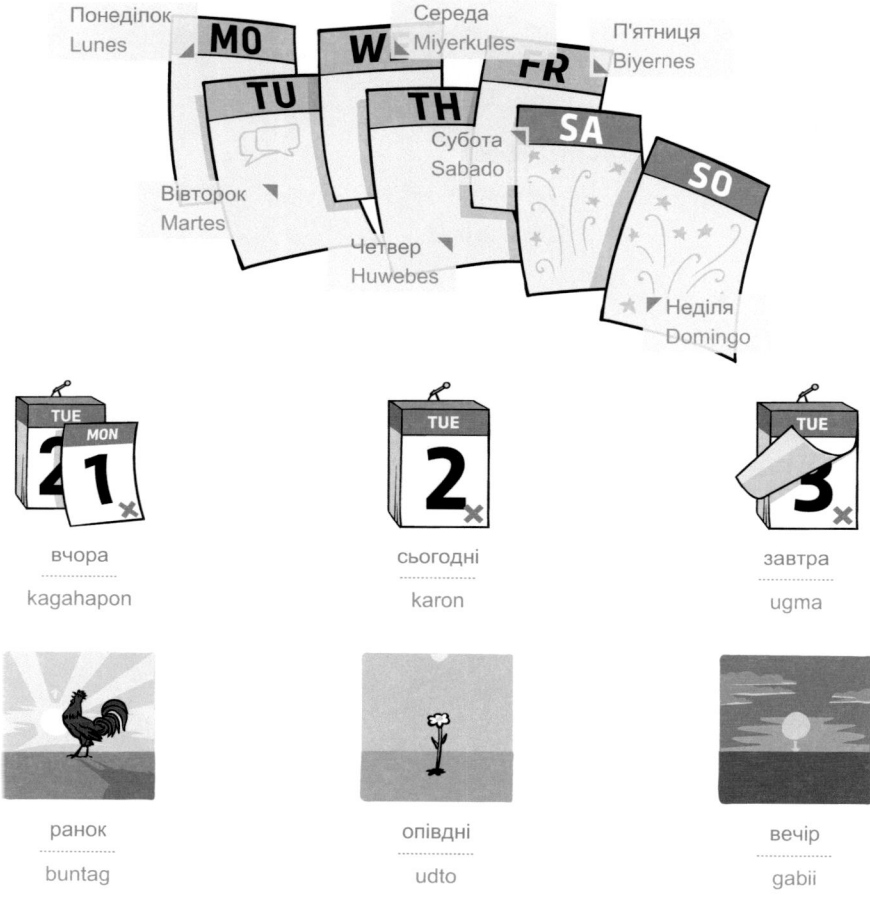

Понеділок / Lunes
Вівторок / Martes
Середа / Miyerkules
Четвер / Huwebes
П'ятниця / Biyernes
Субота / Sabado
Неділя / Domingo

вчора
kagahapon

сьогодні
karon

завтра
ugma

ранок
buntag

опівдні
udto

вечір
gabii

робочі дні
mga adlaw sa negosyo

кінець робочого тижня
katapusan sa semana

рік
tuig

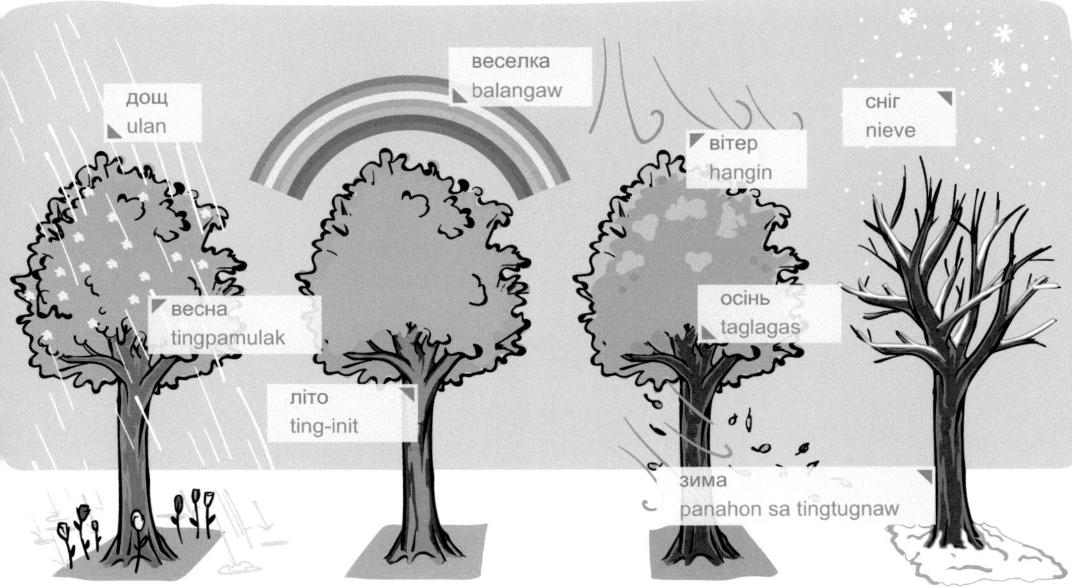

- дощ / ulan
- веселка / balangaw
- вітер / hangin
- сніг / nieve
- весна / tingpamulak
- осінь / taglagas
- літо / ting-init
- зима / panahon sa tingtugnaw

прогноз погоди
pagbanabana sa panahon

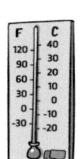

термометр
termometro

сонячне світло
kahayag sa adlaw

хмара
panganod

туман
gabon

вологість повітря
kaumog

блискавка
kilat

грім
dalugdog

шторм
bagyo

град
ulan nga yelo

мусон
habagat

повінь
baha

лід
yelo

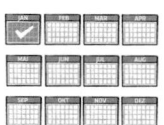
Січень
Enero

Лютий
Pebrero

Березень
Marso

Квітень
Abril

Травень
Mayo

Червень
Hunyo

Липень
Hulyo

Серпень
Agosto

рік - tuig

Вересень

Septyembre

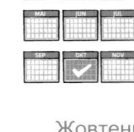

Жовтень

Oktubre

Листопад

Nobyembre

Грудень

Disyembre

форми
mga porma

круг

lingin

квадрат

kuwadrado

прямокутник

rektanggulo

трикутник

trianggulo

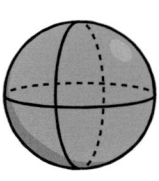

куля

palingin

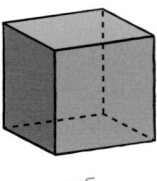

куб

kyub

фарби
mga kolor

білий
puti

жовтий
dalag

помаранчевий
dalag

рожевий
rosas

червоний
pula

фіолетовий
ube

синій
asul

зелений
berde

коричневий
kolor kape

сірий
grey

чорний
itom

протилежності
kaatbang

багато / мало
daghan / gamay

лютий / мирний
nasuko / kalma

гарний / бридкий
matahum / mangil-ad

початок / кінець
sugod / katapusan

великий / малий
dako / gamay

світлий / темний
mahayag nga / mangitngit

брат / сестра
igsoon nga lalaki / igsoon nga babaye

чистий / брудний
hinlo / hugaw

завершений / незавершений
bug-os nga / dili kompleto

день / ніч
adlaw / gabii

мертвий / живий
patay / buhi

широкий / вузький
lapad / pig-ot

їстівний / неїстівний
makaon / dili makaon

злий / дружній
dautan / maayo

збуджений / нудьгуючий
naghinam-hinam / gilaayan

товстий / тонкий
tambok / niwang

спочатку / востаннє
una / katapusan

друг / ворог
higala / kaaway

повний / порожній
puno / walay sulod

жорсткий / м'який
gahi / humok

важкий / легкий
bug-at / gaan

голод / спрага
kagutom / kauhaw

хворий / здоровий
sakit / himsog

незаконний / законний
iligal / ligal

розумний / дурний
intelihente / hungog

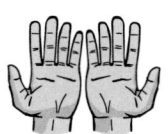
вліво / вправо
wala / tuo

поруч / далеко
duol / layo

новий / використаний
bag-o / gigamit

нічого / щось
wala / naa

старий / молодий
tigulang / bata

вкл / викл
naka-on / naka-off

відкрито / закрито
ablihi / sirado

тихо / гучно
hilum / kusog

багатий / бідний
dato / pobre

правильно / неправильно
tama / sayup

шорсткий / гладкий
bagis / hapsay

сумний / щасливий
masulub-on / malipayon

короткий / довгий
mubo / taas

повільно / швидко
hinay / dali

вологий / сухий
basa / uga

гарячий / холодний
init / bugnaw

війна / мир
giyera / kalinaw

протилежності - kaatbang

числа
mga numero

0
нуль
zero

1
один
usa

2
два
duha

3
три
tulo

4
чотири
upat

5
п'ять
lima

6
шість
unom

7
сім
pito

8
вісім
walo

9
дев'ять
siyam

10
десять
napulo

11
одинадцять
napulo ug usa

12
дванадцять
napulo ug duha

13
тринадцять
napulo ug tulo

14
чотирнадцять
napulo ug upat

15
п'ятнадцять
napulo ug lima

16
шістнадцять
napulo ug unom

17
сімнадцять
napulo ug pito

18
вісімнадцять
napulo ug walo

19
дев'ятнадцять
napulo ug siyam

20
двадцять
kawhaan

100
сто
ka gatus ka

1.000
тисяча
ka libo ka mga

1.000.000
мільйон
milyon

числа - mga numero

МОВИ
mga pinulongan

англійська

Iningles

американська англійська

Iningles sa Amerika

китайська високочиновницька

Chinese Mandarin

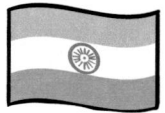

хінді

Hindi

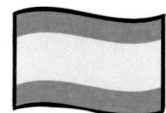

іспанська

Kinatsila

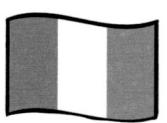

французька

Pransiya

арабська

Arabiko

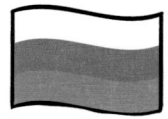

російська

Russian

португальська

Portuguese

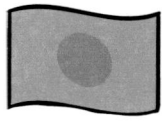

бенгальська

Bengali

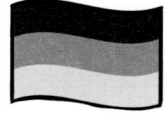

німецька

German

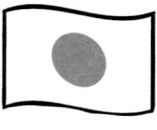

японська

Hapon

хто / що / як
kinsa / unsa / unsaon

я
Ako

ти
ikaw

він / вона / воно
siya / kini

ми
kami

ви
ikaw

вони
sila

хто?
kinsa

що?
unsa

як?
giunsa

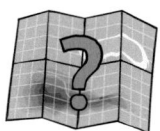
де?
diin

коли?
kanus-a

ім'я
ngalan

де
diin

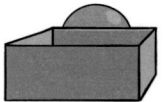

ззаду

sa luyo

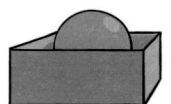

в

sa

перед

sa atubangan sa

над

itaas sa

на

sa

під

ilawom sa

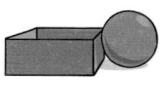

біля

tapad

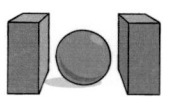

між

taliwala sa

місце

lugar